中华人民共和国行业推荐性标准

公路工程节能规范

Specifications for Energy Conservation of Highway Engineering

JTG/T 2340—2020

主编单位：交通运输部公路科学研究院
批准部门：中华人民共和国交通运输部
实施日期：2020 年 05 月 01 日

人民交通出版社股份有限公司
北　京

律 师 声 明

本书所有文字、数据、图像、版式设计、插图等均受中华人民共和国宪法和著作权法保护。未经人民交通出版社股份有限公司同意，任何单位、组织、个人不得以任何方式对本作品进行全部或局部的复制、转载、出版或变相出版。

任何侵犯本书权益的行为，人民交通出版社股份有限公司将依法追究其法律责任。

有奖举报电话：（010）85285150

北京市星河律师事务所
2017 年 10 月 31 日

图书在版编目（CIP）数据

公路工程节能规范：JTG/T 2340—2020 / 交通运输部公路科学研究院主编. — 北京：人民交通出版社股份有限公司，2020.2

ISBN 978-7-114-16115-5

Ⅰ.①公… Ⅱ.①交… Ⅲ.①道路工程—节能减排—规范—中国 Ⅳ.①U415.1-65

中国版本图书馆 CIP 数据核字（2019）第 301531 号

标准类型：	中华人民共和国行业推荐性标准
标准名称：	公路工程节能规范
标准编号：	JTG/T 2340—2020
主编单位：	交通运输部公路科学研究院
责任编辑：	丁　遥
责任校对：	张　贺
责任印制：	刘高彤
出版发行：	人民交通出版社股份有限公司
地　　址：	（100011）北京市朝阳区安定门外外馆斜街 3 号
网　　址：	http://www.ccpress.com.cn
销售电话：	（010）59757973
总 经 销：	人民交通出版社股份有限公司发行部
经　　销：	各地新华书店
印　　刷：	北京市密东印刷有限公司
开　　本：	880×1230　1/16
印　　张：	2.75
字　　数：	83 千
版　　次：	2020 年 2 月　第 1 版
印　　次：	2020 年 2 月　第 1 次印刷
书　　号：	ISBN 978-7-114-16115-5
定　　价：	30.00 元

（有印刷、装订质量问题的图书，由本公司负责调换）

中华人民共和国交通运输部

公 告

第 5 号

交通运输部关于发布
《公路工程节能规范》的公告

现发布《公路工程节能规范》（JTG/T 2340—2020），作为公路工程行业推荐性标准，自 2020 年 5 月 1 日起施行。

《公路工程节能规范》（JTG/T 2340—2020）的管理权和解释权归交通运输部，日常管理和解释工作由主编单位交通运输部公路科学研究院负责。

请各有关单位注意在实践中总结经验，及时将发现的问题和修改建议函告交通运输部公路科学研究院（地址：北京市海淀区西土城路 8 号，邮政编码：100088）。

特此公告。

中华人民共和国交通运输部
2020 年 1 月 15 日

交通运输部办公厅　　　　　　　　　　　　　　2020 年 1 月 17 日印发

前　言

根据交通运输部《关于下达2011年度公路工程标准制修订项目计划的通知》（交公路发〔2011〕115号）的要求，由交通运输部公路科学研究院承担《公路工程节能规范》（JTG/T 2340—2020）的制定工作。

本规范在《中华人民共和国节约能源法》等法律法规及公路工程相关标准基础上，全面总结了多年来我国公路工程节能工作的经验，充分借鉴和吸收了国内其他行业的相关标准和规定，着重从节能、能耗监测、可再生能源应用、信息技术应用等方面对公路工程各阶段的节能措施做了全面规定，以指导和规范公路工程的节能工作，提高公路行业节能水平和能源利用效率。

本规范共分为7章，分别是：1 总则，2 术语与缩略语，3 可行性研究阶段，4 设计阶段，5 施工阶段，6 运营阶段，7 养护阶段，另有2个附录。

本规范由孟春雷负责第1章，蔡蕾负责第2章，林才奎和王宏丹负责第3章，孟春雷、李海青、干小东、王随原和张琦负责第4章，杨东来和秦峰负责第5章，蔡蕾和洪伟鹏负责第6章，李水泉和王宏丹负责第7章，杨东来负责附录A，干小东负责附录B。

请各有关单位在执行过程中，将发现的问题和意见，函告本规范日常管理组，联系人：孟春雷（地址：北京市海淀区西土城路8号，交通运输部公路科学研究院，邮编：100088；电话：010-62079515，传真：010-62045674；电子邮箱：mcl@itsc.cn），以便修订时参考。

主 编 单 位：交通运输部公路科学研究院
参 编 单 位：北京中交国通智能交通系统技术有限公司
　　　　　　保利长大工程有限公司
　　　　　　招商局重庆交通科研设计研究院有限公司

主　　　　编：孟春雷
主要参编人员：林才奎　杨东来　李水泉　干小东　李海青
　　　　　　　蔡　蕾　洪伟鹏　张　琦　王宏丹　王随原
　　　　　　　秦　峰

主　　　　审：陈永耀
参与审查人员：李　斌　张　洋　何　勇　陈　飚　钱　越
　　　　　　　张纪升　高　龙

参 加 人 员： 刘刚亮　李建强　孙继洋　刘文峰　郝　亮
　　　　　　　孙　玲

目　次

1 总则 ··· 1
2 术语与缩略语 ·· 3
   2.1 术语 ··· 3
   2.2 缩略语 ··· 3
3 可行性研究阶段 ·· 4
4 设计阶段 ··· 7
   4.1 一般规定 ··· 7
   4.2 路线 ··· 9
   4.3 路基路面 ··· 10
   4.4 桥梁 ··· 10
   4.5 隧道 ··· 11
   4.6 监控、通信和收费 ··· 13
   4.7 照明 ··· 14
   4.8 供配电 ··· 16
   4.9 房屋建筑 ··· 20
   4.10 给排水 ··· 23
5 施工阶段 ··· 24
   5.1 一般规定 ··· 24
   5.2 施工组织 ··· 25
   5.3 施工工艺 ··· 25
   5.4 机械设备 ··· 27
6 运营阶段 ··· 28
   6.1 一般规定 ··· 28
   6.2 节能控制 ··· 28
   6.3 能耗监测统计 ··· 29
7 养护阶段 ··· 31
附录 A 各种能源折标准煤系数 ······································· 33
附录 B 采暖空调系统室内计算温度及设计新风量 ······· 34
本规范用词用语说明 ··· 36

1 总则

1.0.1 为贯彻《中华人民共和国节约能源法》及相关法律法规和方针政策，统一公路工程节能标准，提高能源利用效率，降低能耗，制定本规范。

条文说明

节约能源是中国的一项基本国策，我国公路工程项目的设计和施工等各个环节，历来十分重视节能工作，特别是在公路选线、桥梁标准化和预制化、隧道通风和照明、路面路基材料、供配电等方面积累了丰富的经验。公路工程要坚持资源开发和节约并重，在满足公路交通运输要求的前提下，尽可能节约能源，在规划、设计、施工、运营、养护等各个环节中以节能、节水、节地、资源综合利用和发展循环经济为重点，以提高资源利用效率为核心，以尽可能少的资源消耗、尽可能小的环境代价，创造尽可能多的经济社会效益，促进公路行业的可持续发展。

1.0.2 本规范适用于新建和改扩建公路工程建设与运营的全过程。

条文说明

本规范所指的建设与运营的全过程包括可行性研究阶段、设计阶段、施工阶段、运营阶段及养护阶段。

1.0.3 公路工程应从全局出发，在安全、质量、环保的基础上，降低全寿命周期能耗。

1.0.4 公路工程应根据所在地区的能源政策和资源条件，结合工程用能特点，科学、充分地选用太阳能、风能、地热能等可再生能源。

条文说明

公路工程要选择经济合理的多元化能源配置方式，在可再生能源的开发、利用中，尤其要注重太阳能、风能、地热能开发等技术成果的应用。但由于公路工程涉及区域较广，各地区环境、气候等因素差异也较大，因此可再生能源的使用，要根据工程所在地的能源政策及公路工程自身的实际情况进行科学、客观的选择，不能生搬硬套，避免盲目使用造成投资浪费和使用不便。

1.0.5 公路工程应积极推广应用节约能源的新技术、新工艺、新设备和新材料，利用信息化与智能化手段，提高节能水平。

1.0.6 公路工程应按国家对用能单位能源计量要求及国家相关标准的规定设置计量装置，对能源消耗进行有效监测。

条文说明

根据《重点用能单位节能管理办法》的要求，重点用能单位应建立能源计量和考核、监测、评估体系，配备合格的能源计量器具、仪表。在我国现行法律法规及节能减排"十二五""十三五"规划中明确指出，公路工程需要逐步建立能源考核、计量、评估体系。

1.0.7 公路工程节能除应符合本规范的规定外，尚应符合国家和行业现行有关标准的规定。

2 术语与缩略语

2.1 术语

2.1.1 可再生能源　renewable energy

在自然界中可以不断利用、循环再生、对环境无害或危害极小，而且资源分布广泛，适宜就地开发利用的能源，例如太阳能、风能、地热能等。

条文说明

在本规范中，可再生能源一般指太阳能、风能和地热能，其他可再生能源由项目具体情况分析选用。

2.1.2 综合能耗　comprehensive energy consumption

用能单位在统计报告期内实际消耗的各种能源实物量，按规定的计算方法和单位分别折算后的总和。

2.1.3 供配电效率　efficiency of electrical power supply system

某一供电回路上所有负载的功率总和与该供电回路的输入功率之比，用百分比（%）表示。

2.1.4 能耗监测　energy consumption monitoring

通过安装能耗计量器具，实现对监测对象能耗数据的采集和分析。

2.2 缩略语

ETC——电子不停车收费（Electronic Toll Collection）
LED——发光二极管（Light Emitting Diode）

3 可行性研究阶段

3.0.1 可行性研究阶段应统筹考虑公路工程建设项目的全寿命周期技术与经济特性，采用有利于降低建设期及运营期综合能耗的技术标准、建设方案和实施方案。

条文说明

公路工程的技术标准、建设方案和实施方案等除考虑沿线所经区域的地形条件，兼顾沿线重要政治、经济、国防需求外，还要考虑与其他公路、铁路、航运等运输方式的合理衔接及对建设期能耗、运营期能耗方面的影响。

3.0.2 路线走向的选择、主要技术指标和规模的确定应将节约能源作为重要因素，综合考虑自然环境、土建施工条件、所经区域经济和社会条件等因素，充分利用线位资源，合理布局。

条文说明

路线选线过程中除考虑工程地质、环保、安全、造价等因素外，还需考虑设计方案对后期建设、运营能耗的影响，以提高通行能力、减少绕行为原则，确定节能的路线方案。

3.0.3 路线交叉、服务设施和管理设施的选址应根据功能、自然环境、物资运输、人员交通等需求确定，并应有利于提高路网通行能力，缩短车辆行驶距离和能源供应输送距离。

3.0.4 改扩建项目的可行性研究报告应包含施工期交通组织方案，确定合理的区域路网交通组织形式，降低转运交通能耗。

条文说明

公路工程改扩建时，原有公路承载的交通量将分流至路网的其他公路，这一部分分流的交通量称之为转运交通。

3.0.5 公路建设项目可行性研究报告的节能评估应包括建设期能耗分析、运营期能耗分析计算、对当地能源供给的影响、主要节能措施及节能评估。在计算节能量时，应以标准煤作为计算标准，能源折标准煤系数可按本规范附录 A 的规定取值。

3.0.6 可行性研究报告中建设期能耗可采用输入输出法或过程分析法对能源类型、能源消耗量进行分析。

条文说明

　　输入输出法主要包括两种：一种是根据建设期所消耗的材料工程数量和单位耗能量，计算得到能源总消耗量。一般建设阶段均采用机械化施工，对汽、柴油及电力的消耗集中体现在路基工程、路面工程、桥梁工程、隧道工程等方面，根据各分部分项工程的材料工程数量和单位耗能量计算总消耗量。另一种是根据投资估算中重油、汽油、柴油、水、电和煤等能源数量折算得到建设期内各项能源消耗量。

　　过程分析法是根据建设过程对每一作业指定一定的能耗值，根据各分部分项工程作业内容计算能源总消耗量。

3.0.7 运营期节能应包括运营管理能耗分析和项目使用者节能计算。运营管理能耗分析可采用经验计算分析法和类似项目对比分析法对所需的能源类型、能源消耗量进行分析。项目使用者节能计算可采用"有无对比法"对使用者的燃油节约量进行计算。

条文说明

　　运营期能耗根据用能对象不同分为两个部分：一是由公路管理单位用于维持公路运输生产活动、提供基本运输条件过程中所消耗的能源，主要是照明、通风、服务区、收费站、监控设备、养护管理设备等消耗的能源，称之为运营管理能耗；二是由公路使用者的各种运输工具所直接产生的能源消耗，如车辆的汽、柴油等燃料消耗，称之为项目使用者能耗。前者的能源消耗以电能消耗为主，后者则以汽、柴油等石油资源消耗为主。

　　运营管理能耗经验计算分析法是指在已有工程经验和对项目所在区域其他项目运营情况调研的基础上，赋予各类负载耗电量理论值，并进一步计算各类负载耗电量。类似项目对比分析法是指参考全国现有同类公路耗电情况及沿线设施电能消耗量，结合本项目特点，计算本项目运营期电能消耗量。

　　项目使用者节能中的燃油节约量参考《公路建设项目可行性研究报告编制办法》，根据交通量预测结果，采用"有无对比法"计算建设项目投入运营后项目使用者的燃油节约量，并将最终结果换算成标准煤。本规范所提及的节能量均以标准煤为计算标准。

3.0.8 公路工程建设项目应根据当地资源条件和能源政策，在可行性研究报告中对建设项目可能对当地能源供给的影响进行分析。

3.0.9 主要节能措施可包括遵循的节能规范或标准、各参与单位的节能管理、重点能耗设备用能监测与管理,以及新材料、新工艺、新技术和可再生能源的应用等。

3.0.10 节能评估应对公路建设项目的节能效益和可行性进行综合评估。

4 设计阶段

4.1 一般规定

4.1.1 公路工程建设项目应加强设计阶段的节能设计，遵循合理用能、优化资源和能源配置的原则，从总体方案、材料与工艺、能源类型、用能供能设备、节能控制等方面制定节能措施和技术要求。

条文说明

设计阶段是节能减排工作的重要环节，不同的设计方案对公路建设与运营管理过程中的能耗影响较大。因此，要加强设计环节中的节能工作，明确项目主要能耗控制的设计原则、标准及技术要求，提出节能新技术要求，对项目主要能耗监测方案进行设计。

4.1.2 设计方案比选应将建设期能耗和运营期能耗作为重要因素，对材料、工艺、机械的能源消耗指标进行分析，选择能源利用率高的方案。施工机械设备能耗可根据现行《公路工程预算定额》（JTG/T 3832）和《公路工程机械台班费用定额》（JTG/T 3833）进行计算。

条文说明

施工机械能耗可参考下列步骤进行计算：

(1) 根据施工工艺，确定相应的施工机械；

(2) 从现行《公路工程预算定额》（JTG/T 3832）中查得相应施工机械完成单位工程量的台班数量 N；

(3) 从现行《公路工程机械台班费用定额》（JTG/T 3833）中查得施工机械工作一个台班消耗的燃油量 M；

(4) 根据本规范附录 A 查得每千克燃油的折标准煤系数 K；

(5) 该施工机械完成单位工程量所需要的能耗指标值 T 按式（4-1）确定。

$$T = N \times M \times K \tag{4-1}$$

式中：T——能耗指标值；

N——完成单位工程量的台班数量；

M——一个台班消耗的燃油量；

K ———— 折标准煤系数。

4.1.3 路线交叉、服务设施和管理设施的位置、规模和平面布置应综合与城镇、主线的位置关系及功能分区、日照、间距、周围自然环境等因素，选择车流与人流之间干扰少、行驶距离短、物资供给便利的方案。

条文说明

服务设施选址需将周边城镇布局、公路主线的交通作为重要影响因素，尽量靠近交通枢纽，选择在供电、给排水、物资容易供应的地点，减小工作人员及服务区所需物资供应的交通距离，降低能耗。

4.1.4 筑路材料的选择应遵循就近、节能、利旧的原则，选择资源消耗小，在生产、运输、施工过程中综合能耗低的筑路材料，并应充分利用旧路基、旧路面、隧道弃渣等可再循环材料及可再利用材料。

条文说明

可再循环材料是指原貌形态的材料或制品不能直接回用，但可经过破碎、回炉等专门工艺加工形成再生原材料，用于替代传统形式的原生原材料，生产出新的材料，如金属材料、玻璃等。可再利用材料是指基本不改变材料或制品的物质形态，仅对其进行适当清洁或修整等简单工序后，经过性能检测合格，直接回用的材料，比如回收的沥青混合料、水泥混凝土、粒料、隧道洞渣、路基弃方、废旧建筑材料、工业副产品（如粉煤灰、高炉矿渣等），处理过的废料（如废旧轮胎等）、钢材、钢筋等。充分利用可再循环材料及可再利用材料，可以减少新材料的使用及生产加工新材料带来的资源、能源消耗和环境污染。

4.1.5 主要能源类型选择应结合当地资源条件、建设期和运营期的用能需求，选择综合能耗低的方案。应科学、充分地选择太阳能、风能、地热能等可再生能源。

4.1.6 设计文件应注明施工阶段及运营阶段主要节能措施、能耗监测方案和节能管理的技术要求。

4.1.7 设计阶段应优先选用国家、行业相关节能技术目录中的技术或产品，列出公路工程应使用的节能技术或产品清单。

条文说明

设计阶段，特别是招标投标阶段规定的节能产品清单，能够有效地指导建设单位和施工单位按照节能清单采用节能产品或技术。

4.1.8 设计阶段应对数据资源进行全面规划，提高设计阶段工程数据在后期应用的有效性，为建设、运营、养护与管理决策提供数据支持。

条文说明

信息技术的迅猛发展给交通运输行业建设和发展带来了新的推动力，交通建设已开启数字化时代。现阶段，信息技术在公路工程中已得到了较好的应用，但数据的有效性及开发利用尚处于发展阶段。设计阶段是交通基础设施信息数据的重要源头，设计阶段做好数据资源规划，使有效的工程数据能够为方案深化调整、施工研讨、成本估算、养护管理、效率提升等提供优质、快速、便捷的数据服务，可提高整体节能水平。而且，有效的数据可以真实、直观地反映公路运营状态、设备性能状态及能耗状态，为运营、养护、管理提供决策支持。

4.2 路线

4.2.1 路线方案的确定应充分考虑能耗因素，结合地形条件、周围环境及车辆行驶要求，按综合效益高、服务质量好、综合能耗低的原则进行布设。

条文说明

路线方案除考虑工程投资、运输效率、环保、安全等因素外，还要从节能的角度加以考虑，减少车流与人流之间的干扰，并合理选择技术指标。这样做一方面可有效减少运输距离，降低建设能耗和运营能耗，另一方面也可以减少车辆因道路线形阻力造成的能耗。

4.2.2 路线的平面、纵断面、横断面线形指标应自然顺畅，达到挖填土石方量平衡。平曲线半径及纵坡坡度、坡长不宜使车辆频繁制动。

4.2.3 隧道宜设置在直线上。因地形、地质条件限制必须设在曲线上时，宜采用较大的平曲线半径。

4.2.4 路线交叉形式和规模应选取工程量和占地少、通行能力高、车流运行顺畅的技术指标。

4.2.5 同一建设项目的不同路段可选择与地理位置和技术指标相匹配的设计速度。

条文说明

公路工程的设计速度影响运营阶段车辆的行驶速度，间接影响运营期的使用者能耗。对于山区或地形条件较复杂路段，可以根据走廊带内地形、地貌、地质条件，结合经济、社会、安全、环保的需求，在保证高速公路安全、舒适的基础上，对同一个建设项目的不同路段确定相应的设计速度。

4.3 路基路面

4.3.1 公路工程应根据公路功能、技术等级、交通量及交通组成，结合沿线地形、地质、筑路材料及气候环境等因素，遵循耐久、节能的原则，确定路基路面结构。

4.3.2 路基设计宜选择与工程相适应的低路堤和浅路堑等节能方案。路基边坡应顺应自然。

4.3.3 路面设计应结合公路技术等级、结构层位、气候条件、交通情况及施工能耗等工程建设条件，选择经济耐久、综合能耗低的路面材料。

4.3.4 路面设计应结合工程实际条件，科学运用温拌沥青、再生路面、长寿命路面等技术。

条文说明

温拌沥青混合料是一类拌和温度介于热拌沥青混合料和冷拌（常温）沥青混合料之间，性能达到（或接近）热拌沥青混合料的新型沥青混合料。

19世纪90年代欧洲首先在重载交通道路上提出了长寿命路面，以期获得40年以上的使用年限。长寿命路面结构设计需考虑设计标准轴次、荷载和轮胎压力，以及容易维修、施工适应性、施工速度、安全、耐久和可再生性能等因素，并最大限度降低对环境的影响。

4.4 桥梁

4.4.1 桥梁工程应根据公路功能和技术等级，综合考虑因地制宜、便于施工和养护等因素，重点从标准化设计、工厂化制造、装配化施工等方面提升工效，降低能耗。

4.4.2 在满足公路功能、技术等级、通行能力及抗洪防灾要求的基础上，桥位选择应结合地形、地质、水文、通航等条件进行，选择桥梁总长度短、与引道衔接顺畅、便于施工和材料运输的设计方案。

条文说明

桥位选择一般考虑地形、地质、水文情况等因素，既要考虑保障桥梁与引道的顺畅，提高公路通行能力，又要考虑施工阶段的能耗，节约运输成本。

4.4.3 桥孔设计应根据桥位的地形、地质、通航净空、防洪等要求，充分利用地形条件，减少大填大挖工程量和大型深水基础施工。跨径在50m以下的桥梁宜采用标准化跨径。采用标准化跨径的桥梁宜采用装配式结构及机械化、工厂化施工。

4.4.4 桥梁结构形式和构造应稳定、耐久，便于制造、施工和养护。

条文说明

桥梁结构方案选择一般考虑适用、耐久、技术先进、经济合理、与环境协调的桥型，同时还要考虑我国的施工技术水平，尽量避免因增加施工难度而导致的施工费用大幅加大，以节约施工成本。

4.4.5 桥梁设计应考虑养护需求，遵循可到达、可检查、可维修和可更换的原则，为运营期检修与养护做好预留预埋。

条文说明

桥梁的杆、索等上部结构，以及标志、照明立柱等附属设施的结构、布设位置、间距等都会给桥梁检修、养护的工作效率及作业能耗带来一定的影响。以普通折叠臂式桥梁检测车为例，当桥梁上部或桥上附属设施设置较密集时，检测车辆需频繁地伸缩、调整折叠臂，绕过结构物，方可完成检修任务，这不但降低了工作效率，而且也增加了机械能耗。因此，桥梁及附属设施等结构设计时要考虑桥梁运营期检修与养护的可达性及易更换性。

除桥梁上部结构对养护工作的影响外，在实际工程中，部分桥梁的桥下检测条件有限，如果能在桥梁的建设期预留或设置必要的检测平台或辅助设施，将给后期的检修、养护带来很大的便易性。

4.5 隧道

4.5.1 隧道工程应结合地理及自然环境，从选址、土建结构、通风、照明和消防等方面进行节能设计。

条文说明

隧道作为地下空间的一种构造物，其场址和结构方案不仅直接影响建设期的施工能耗,而且还影响隧道通风系统的规模。而通风和照明又是隧道运营能耗的主要构成部分。一般隧道通风设施功率较大、运行能耗高,隧道照明通常数量多、负载量大。对于隧道通风和照明方案,既要合理选定技术指标和设备型号,又要通过智能控制技术按需调节,最终达到降低能耗、节约运营费用的目的。

4.5.2 隧道工程的通风、照明、消防设计方案及运营控制策略应与隧道平纵线形及土建结构设计相协调。

4.5.3 隧道洞口、洞门设计应考虑洞外亮度的影响,可采取下列措施,降低洞外亮度,减少隧道照明需求:
1 削竹式洞门可进行大幅坡面绿化。
2 端墙式洞门墙面可采用暗色且反射率小于0.17的低反射率材料。
3 路基两侧可种植高大常青树,边仰坡面大幅绿化。
4 可采用遮光棚式洞门。
5 对经硬化处理的隧道洞口边仰坡可进行暗化处理。
6 隧道洞口外至少一个停车视距长度的路面宜采用黑色路面。

4.5.4 相邻两座短隧道之间的洞口间距小于3s设计速度行程长度时,应对两隧道分别采用独立隧道或轻型明(棚)洞式结构连接的方案进行综合比较,选取经济、节能的方案。

条文说明

隧道的进出口照明能耗占短隧道能耗比重很大,将短隧道连接成中隧道,可直接减少一座隧道进出口照明能耗,节能作用明显。因此,有必要将短隧道全寿命周期内节能和增设连接两隧道的土建工程费进行动态综合比较,选取最经济、安全的方案。对于中隧道与长隧道,两隧道连接可能带来通风能耗的增加,同时还会带来隧道土建设施如车行横通道、人行横通道、消防设施的增加,综合节能效果不明显。

4.5.5 隧道两侧墙面宜根据所属公路技术等级、围岩条件、交通构成及工程造价等因素,选择反射率高的墙面材料。

条文说明

根据《公路隧道照明设计细则》(JTG/T D70/2-01—2014),隧道两侧墙面2m高范围内,宜铺设反射率高的墙面材料。当墙面反射率达到0.7时,路面亮度可提高10%。因此,设计过程中要根据隧道的规模、长度,分析采用墙面内装饰在节能方面的费效比,确定是否采用或采用哪种墙面内装材料。

4.5.6 隧道洞内外交通标志、标线设置应清晰、简明。交通标志根据隧道长度、线形、视觉环境、气候条件等因素，可采用反光标志、自发光标志或材料。

4.5.7 隧道通风设计应综合公路技术等级、工程特点、设计交通量及交通组成、隧址区域自然条件等因素，选择经济节能的通风方案和运营通风控制策略。应充分利用自然通风。

条文说明

在符合相应的通风标准的前提下，隧道通风节能需通过细致分析公路技术等级、工程特点、设计交通量、机动车有害气体排放量、洞内壁面状况、隧道洞口和运营辅助通道口的自然条件等因素，合理选定通风标准，并进行多方案的综合经济技术比较，"因隧制宜"，确定通风设计方案。

4.5.8 隧道消防给水设施宜选用高效、低能耗设备。寒区隧道消防设施宜通过优化结构设计，提高系统有效性，降低防冻能耗。

条文说明

寒区隧道水消防设施容易结冻失效，而采取加温、保暖措施将带来极高的能耗，因此需从结构、防冻和系统有效性等方面综合考虑。

4.6 监控、通信和收费

4.6.1 监控、通信和收费设施应选择系统综合能耗低、用能设备及供能设备能耗低的节能方案。

4.6.2 公路工程应充分利用信息化、智能化技术进行交通出行信息服务、诱导及跨区域路网运行状态智能化管控，提升公路通行能力和运行效率。

4.6.3 监控、通信和收费设施设备应选择经济、高效的节能型产品，包括但不限于计算机设备、计算机网络设备、输入输出设备、投影仪、多功能一体机、视频设备等。

条文说明

计算机设备主要指服务器、台式计算机、便携式计算机、平板式微型计算机等。计算机网络设备主要指以太网交换机等设备。输入输出设备主要指打印机、显示设备、扫描仪等。视频设备主要指摄像机、监视器、数字硬盘录像机等。

4.6.4 室内监控大屏、可变信息标志等高能耗信息化设备，发光亮度应具有自动调控功能，功耗宜符合下列要求：

1 室内 LED 背光液晶屏单位面积功耗不宜高于 230W/m²。

2 室内 LED 屏最大亮度不低于 600cd/m² 时，单位面积功耗不宜高于 450W/m²，平均功耗不宜高于 150W/m²。

3 室外用于提供交通信息的全彩 LED 可变信息标志单位功耗不宜高于 180W/m²，双基色 LED 可变信息标志单位功耗不宜高于 120W/m²。

4.6.5 收费公路应优先采用电子不停车收费（ETC）技术，提升运行效率和服务水平。

4.6.6 设置 ETC 车道时，应减小进入收费广场的 ETC 车辆与其他车辆交叉并线的影响。

4.6.7 收费站交通量大且交通流潮汐不均衡时，可根据需要设置潮汐收费车道。

条文说明

根据收费站实际交通量情况，当出现双向交通量极度不平衡时，选择设置潮汐车道，既可以缓解拥堵，也可以降低因交通拥堵造成的车辆怠速燃油能耗。

4.6.8 机房、结算中心等电子设备集中的地方，自然通风不能满足室内环境参数要求时，应进行散热、冷却系统设计，选择节能的供配电与散热系统。

条文说明

电子设备集中的机房总功耗中，冷却系统、供电设备占很大比重。除了选择高能效的产品，机房和其他附属设施需尽量相匹配，才能降低整个机房的总能耗，因此，需在机房建设前期的设计和规划阶段予以考虑。

4.7 照明

4.7.1 公路照明设计应根据公路技术等级、交通量、设计速度、路面宽度、环境、季节、时间等条件，合理选择照明亮度指标、光源、灯具、布设方案等设计参数及照明控制策略。

4.7.2 照明设施应采用高光效节能光源和高效能节能灯具。

4.7.3 公路工程应使用节能的 LED 照明灯具。LED 灯具可选择光源和电源分离的形式。

条文说明

LED 灯具易发生故障的部位包括光源和电源。其中，电源故障占较大比例，且电源故障的检修维护比较复杂。如果能把光源和电源分离，电源放在易于检修的位置，既能方便维护，又能防止电源在高温环境工作而减少寿命。

4.7.4 照明光源应高效节能且穿透力强，整灯光效应符合下列要求：
1. LED 灯应不低于 120lm/W。
2. 高压钠灯应不低于 110lm/W（250W 以上）。
3. 荧光灯应不低于 80lm/W。
4. 金属卤化物灯应不低于 90lm/W（250W 以上）。
5. 其他节能光源应不低于 100lm/W。

4.7.5 照明灯具应根据光源的光学特性及热特性要求，选择高效率灯具。灯具效率应符合下列要求：
1. 开启式灯具应不低于 75%。
2. 透明保护罩式灯具应不低于 65%。
3. 磨砂、棱镜保护罩式灯具应不低于 55%。
4. 隔栅式灯具应不低于 60%。
5. 其他灯具应不低于 75%。

4.7.6 单灯的功率因数应不低于 0.9，系统回路功率因数应不低于 0.95。当功率因数不满足上述要求时，应采取功率因数补偿措施。

4.7.7 场区照明应根据使用需求分区、分组控制，采用光控、时控等自动控制方式或集中控制方式。

条文说明

场区照明包括公路沿线管理设施和服务设施房建区域以外的室外照明。

4.7.8 室内照明应根据功能要求进行分区、分组控制。生活、办公类房间宜以最小单元进行控制，建筑物内的楼梯间、走廊等公共区域的照明应选择声光控制、集中开关控制或就地感应控制等控制方式。

4.7.9 隧道照明应根据隧道所处地理位置、隧道规模、交通量等条件，综合光源光效、灯具效率、配光方案、供电系统和控制方案等因素，选择经济、稳定、能耗低的设计方案。

条文说明

隧道照明节能在确保符合相应照明标准的前提下，通过分析隧道所处地理位置、隧道规模、交通量等工程自身特点，合理选定照明指标，并进行多方案的综合经济技术、能耗比较，从而确定最佳设计方案。

4.7.10 隧道照明应根据交通量变化、洞外亮度变化、天气状况等不同工况，制订分级调光或动态调光方案及运营管理策略。

条文说明

隧道照明系统通常按满足最不利工况进行设计，根据交通量的变化、洞外亮度的变化、气候条件的不同等制订适宜的调光方案，以确保不同运营条件下的安全与节能运行。

4.7.11 公路照明设计应充分利用自然光，降低照明需求。

条文说明

公路工程中房屋建筑、收费亭和隧道口等处的采光需充分利用自然光，这样可以降低封闭区内对照明的需求，降低能耗。

4.8 供配电

4.8.1 供配电系统应根据当地电力资源条件，结合场区、室内等实际用能需求，从合理选择电压、提高功率因数、降低线损、降低供电设备损耗、降低管理能耗比例、提高供电质量等方面进行节能设计。

条文说明

供电质量包括电能质量和供电可靠性两个方面。电能质量通常以电压、频率和波形等指标来衡量。电压指标包括电压偏差、电压波动和闪变、电压不平衡度等；频率指标指频率偏差；波形指标指电压正弦波形畸变率。

4.8.2 供配电系统设计应兼顾施工临时用电与运营永久用电需求。

条文说明

根据公路用能设施的特性，并结合国内外已建和在建的外供电现状，将施工临时用电与运营永久用电统筹考虑，做到"一次建设，两次使用"，减少不必要的重复建设。

4.8.3 供配电系统应根据沿线各用能设施的功能及用能特点，配置经济、低能耗的供电设备容量。

条文说明

在设计过程中，有些设备设计容量与实际运行容量偏差较大，在满足系统需求的前提下，需根据选定设备核算实际的满负荷容量，计算并优化系统容量。

4.8.4 变配电点宜靠近负荷中心，减少配电级数，降低电能损失。

4.8.5 公路沿线变配电站出线电压可选用 35kV、10kV、6kV、3（3.3）kV、1（1.4）kV、0.66kV、380V、220V 等标称电压，根据所选用电压计算电缆截面，减少电能线路损失。

条文说明

针对公路工程的用能特点，不同的供配电电压，其供配电系统自身电耗差异很大。选择合理的电压，可以大大降低供配电系统的能耗，所以，参照《标准电压》（GB/T 156—2017）做出此规定。

4.8.6 供电回路在按设计负荷满载工作时，供配电效率应符合下列要求：
1 外场设备的供电系统应不低于80%。
2 隧道照明及监控设备的供电系统应不低于85%。
3 服务区及收费站的供电系统应不低于90%。

条文说明

供配电效率是指某一供电回路上所有负载的功率总和与该供电回路的输入功率之比。以尽可能高的效率向用能设施提供稳定可靠的电能，是供配电系统的根本目标，效率越高，系统自身的能耗越少。

4.8.7 高压系统功率因数应不低于0.95，低压系统功率因数应不低于0.9。自然功率因数达不到上述要求时，应采用电容补偿或智能补偿装置，并符合下列要求：
1 对功率因数波动较大的系统应采用智能控制的集中动态无功补偿。
2 针对电子设备的负载特性，应考虑系统集中功率因数补偿方式。

3 不应通过把无功功耗转为有功功耗的方法提高功率因数。

条文说明

1 对功率因数波动较大的设备或系统，采用智能控制的动态无功补偿装置能够根据用电情况实时调整补偿参数，避免产生冲击电流击穿电容器和过补偿。

4.8.8 各级配电变压器应选用节能型变压器，设计负载率宜取70%~85%。

4.8.9 电网正常运行时，负序电压不平衡度不应超过2%，短时不应超过4%。当公路沿线布设较多外场单相用能设备时，宜采用三相平衡处理后的单相供电方案，不应采用从三相供电系统中直接引出一相进行供电的方案。

条文说明

三相负载平衡指接在同一三相变压器输出端的三根相线的负载功率相等。如果三相变压器各相的负荷分配不相等，即负载不平衡，不仅增加设备能耗和线损，而且会对电网的稳定、安全、经济性运行造成很大的危害。《电能质量 三相电压不平衡》（GB/T 15543—2008）中对三相不平衡度做了明确规定：电网正常运行时，负序电压不平衡度不超过2%，短时不超过4%。

三相远距离供电需要4芯或5芯电缆，在末端进行二次三相负载平衡配电，导致电缆用量较多，消耗大量有色金属等原材料，系统造价较高，线损及系统能耗较大，运营维护复杂。而采用经平衡处理后的单相供电仅需2芯电缆，且不需要三相负载平衡，降低了设计和敷设难度，减少了电缆等原材料的用量，系统能耗降低，系统维护便利，因此条件具备时优先采用。

本条文的单相指变压器对三相输入经平衡处理后，由一个输出端输出单相，而非从三相变压器中直接抽取一相，因为这样容易造成三相负载不平衡，会对电网的稳定、安全、经济性运行造成很大的危害。

4.8.10 供配电系统应采取抑制高次谐波的有效措施，并符合下列要求：
1 在高压进线侧1kV以上电压总谐波畸变率不宜超过4%。
2 在低压出线侧380V/220V电压总谐波畸变率不得超过5%。

4.8.11 公路沿线管理与服务设施等场区供配电宜采取下列节能措施：
1 空调、消防、照明、机电设备等负荷宜分回路供电和监测。
2 动力负荷较大且用电时间集中的场区宜将动力与其他负荷分设变压器。
3 空调、电热器等高能耗设备宜采用变频调速等节能技术。

4.8.12 收费车道设备配电箱可设置在靠近站区的收费岛的适宜位置。

4.8.13 隧道动力用电对照明及监控设施有较大影响时，可设动力专用变压器。

条文说明

　　动力设备与照明和监控设备由于供电方式、设备容量、使用时间等不同，分开设置供电变压器有利于保护用电设备，并且能有效减少变压器的空载损耗。

4.8.14 公路沿线生活水泵、风机等大功率电机类设备宜采用变频调速或软启动技术。

4.8.15 公路用能设施应根据负荷等级和负载率合理选用应急电源容量，并结合实际情况对不间断电源、应急电源本身无功功耗及谐波进行集中补偿或抑制。当用能设备较多时，应集中在电力接入点进行优化处理。

4.8.16 公路用电能耗的计量与评估应以视在功率作为基准。

条文说明

　　目前，公路用电能耗评估时，通常以有功电度计量用电量，无功电度多被忽视，这是很片面的。由于公路工程大量的用电设备功率因数较低，无功功率导致的能耗也较大，因此这部分能耗不容忽视。

4.8.17 供配电设施电力监测与计量应符合下列要求：
　1　应对变配电站输出回路按功能进行监测。
　2　应对有功电度、无功电度进行计量。
　3　电力监测与计量装置的准确度等级应不低于1.0级，且具有符合行业标准的物理接口，采用标准开放协议。

条文说明

　1　监测内容包括电压、电流、有功功率、无功功率、功率因数、谐波失真、频率等。

4.8.18 公路工程应科学选用太阳能、风能等发电技术。应根据当地能源管理政策，合理选择并网或离网系统。离网系统应从市电供电距离、造价、节能量及电池处理等方面进行综合比较后确定。

4.9 房屋建筑

4.9.1 公路房屋建筑应从选址、平面布置、建筑节能等方面进行节能设计。

4.9.2 公路房屋建筑应结合建筑气候分区特点，充分利用日照、风向、地形和环境等自然条件，减少建筑用能。

条文说明

服务及管理设施的选址除需满足公路工程现行有关标准要求外，还需考虑选址位置周围的自然环境，避免选择在周围环境不利的位置，如风力较大的垭口、通风不畅的山谷谷底等，给运营阶段的供暖或空调带来不利影响，增加能耗。

4.9.3 公路房屋建筑的建设规模和布设方案确定应综合考虑交通流及交通组成对建筑的影响，遵循集中设置、合并利用、合理间距的原则。应优先选择低能耗、高效率、便于维护的用能设备。

4.9.4 公路房屋建筑总平面布置应减少人流与车流之间的干扰，缩短行驶距离。停车场地的设置宜与建筑功能分区相互协调，减少车辆场内交通行驶距离。

条文说明

服务区的停车场一般按大、中、小车型等来区分。停车场地的设置与建筑功能分区的相互协调，是指小型车停车场靠近服务楼，大型客车停车场距离公共卫生间不要过远等。适宜的设计能够避免场地内不同类型的车辆因需求不同，造成在场地内的无效交通距离，提高服务设施使用效率并降低能耗。

4.9.5 公路房屋建筑宜根据建筑内各功能用房对室内温度的不同要求，通过建筑空间布局，形成温度过渡空间。

条文说明

根据建筑节能设计标准，不同使用功能的房间室内温度要求不同。建筑设计中，需根据各功能对室内热环境质量标准的要求，进行合理的温度分区。热环境要求高的房间，尽量集中布置在建筑中心位置，而辅助性房间建议布置在建筑外围，形成温度过渡，以利于节能。

4.9.6 公路房屋建筑应根据功能特点、建筑气候分区，采用不低于国家标准的建筑围护结构。公路房屋建筑宜选择当地建筑材料。

条文说明

本条建筑气候分区是指，出于更充分地利用建筑和适应我国不同的气候条件，达到因地制宜的目的，根据现行《民用建筑设计统一标准》（GB 50352）进行的建筑气候区划分。建筑气候分区包括严寒地区、寒冷地区、夏热冬冷地区、夏热冬暖地区、温和地区等。

4.9.7 严寒及寒冷地区建筑体形系数应符合下列要求：
1 单栋建筑面积大于300m^2且小于或等于800m^2时，体形系数应不大于0.5。
2 单栋建筑面积大于800m^2时，体形系数应不大于0.4。

条文说明

体形系数与建筑物的层数、体量、形状等因素有关。严寒地区、寒冷地区建筑物体形系数越大，建筑供暖能耗越大。在夏热冬冷和夏热冬暖地区，虽然体形系数对空调及供暖能耗有一定影响，但由于室内外温差远不如严寒、寒冷地区大，并需考虑建筑夜间散热要求，因此对该地区建筑体形系数不提出具体要求。条文规定单体面积大于800m^2的体形系数限值为0.4，是遵循国家及各地区建筑节能设计规范提出的限值设定，严寒地区、寒冷地区建筑不满足要求时，按规范规定对建筑进行权衡判断。

4.9.8 夏季太阳辐射较强地区的收费天棚屋面宜采用遮光性较好的材料；当采用透光性强的天棚屋面时，其透明部分面积不宜大于天棚屋面总面积的20%。

条文说明

收费天棚主要起到为收费车道遮阳、遮雨的作用，除严寒地区外，过于透光的天棚屋面材料将阳光投射到车道设备和收费亭上，会增加收费亭的表面温度，不利于夏季空调节能。对于严寒地区，根据冬季对于太阳辐射得热的需要，采用透明天棚屋面时，透明部分面积则不受屋面总面积20%的限制。

4.9.9 夏热冬暖地区、夏热冬冷地区的公路附属房屋建筑的屋面和外墙宜采用浅色调。

4.9.10 严寒地区公路附属房屋建筑的出入口，频繁进出养护机械及车辆需要供暖的库房应设前室或门斗；寒冷地区建筑的出入口宜设前室或门斗。其他地区建筑外门也应采取保温隔热节能措施。

条文说明

严寒和寒冷地区的冬季，外门的频繁开启会造成室外冷空气大量进入室内，导致供暖能耗增加。设置门斗可以避免冷风直接进入室内，在节能的同时，也可以提高门厅的热舒适性。除了严寒和寒冷地区之外，其他气候区也存在着类似的现象，因此也要采取各种可行的节能措施。

4.9.11 收费亭围护结构的热工要求宜根据所处气候分区确定，采用高效保温、隔热技术，可选择轻质、无毒、传热系统低的可再生循环利用的材料。

条文说明

收费设施中车道及系统耗能的重点是收费亭温度调节系统。有制冷或供暖需求的地区，冬季收费亭取暖、夏季空调制冷都消耗大量能源，因此需要对收费亭提出保温隔热要求。

4.9.12 服务设施及管理设施应选择经济高效的节能型设备，包括但不限于：
1 制冷压缩机、空调机组、专用制冷空调、其他制冷空调等制冷空调设备；
2 热水器；
3 炊事机械。

4.9.13 公路房屋建筑应根据当地的资源条件，采用经济合理、综合能耗低的供暖、空气调节与通风方式。

4.9.14 空气调节系统的选择应根据房间的面积、层高、位置、各房间要求的参数、冷源、新风量大小等条件，经技术经济比较确定，采暖空调室内计算温度和设计新风量可按本规范附录B的规定取值。

4.9.15 空气调节与采暖系统的供冷、供热设备宜集中设置。设备的选择应根据建筑规模、使用要求，结合当地能源条件、环境保护规定等按下列原则综合确定：
1 有城市、区域市政供热时，宜将其作为采暖或空气调节热源。
2 有多种能源（热、电、燃气等）的地区，可采用复合式能源供冷、供热技术。
3 根据项目所在地太阳能、地热源和天然水资源情况，宜合理利用太阳能和地（水）源热泵供冷、供热技术。

条文说明

空气调节及采暖系统在公路附属房屋建筑中是能耗重点，而冷热源机组的能耗又占整个空气调节及采暖系统能耗的大部分。当前各种机组、锅炉设备品种繁多，各具特色。采用这些机组、锅炉、设备时，受到能源、环境、工程状况、使用时间等诸多因素的影响和制约，为此，需全面客观地对冷热源方案进行分析比较。

4.9.16 每个采暖和空气调节房间或调节区域应逐时逐项进行热负荷和冷负荷计算。

条文说明

在设计阶段，公路附属房屋建筑的冷热负荷计算对节能设计非常重要，所以参照现行《民用建筑供暖通风与空气调节设计规范》（GB 50736）做出此规定。

4.9.17 冷热源的输送应采用经济合理的系统规模、管道布置形式、管道敷设方式和连接方式，降低能耗。

4.9.18 服务设施宜结合公路沿线社会经济的发展，合理设置新能源汽车充电设施和加油加气站。

4.9.19 公路房屋建筑设计应为所选用的可再生能源做预留预埋，提供施工安装条件。

4.10 给排水

4.10.1 给排水设计宜采用循环用水、一水多用的节水系统。

4.10.2 生活热水供应系统的热源应根据使用要求、耗热量及用水点分布情况，结合热源条件确定，宜合理利用太阳能等可再生能源。

4.10.3 生产、生活用水应采用节水器具，卫生器具应选用符合国家和行业现行标准的节水型产品。

4.10.4 场区给排水管网应充分利用建筑场地高程，结合公路沿线排水系统合理布置，减少中间提升环节。

条文说明

排水管网布置需充分利用地形，降低管道埋设深度，减少提升次数或水泵扬程，节约能源。排入城镇排水系统可以充分利用已建成城镇污水处理系统，实现污水集中处理，减少重复投资。

5 施工阶段

5.1 一般规定

5.1.1 施工阶段应落实设计阶段提出的节能设计方案,并根据实际施工情况,对节能方案进行优化和细化,对选用的设备和系统进行容量核算,降低施工能耗。

5.1.2 编制施工组织方案时,应将能耗作为重要指标,通过优化施工场地布设、施工方法、标准化工艺、作业流程、工序等降低施工期能耗。

5.1.3 施工场地布设应充分利用地形条件,注重节约用地,提高人、车、物资转移的效率,应兼顾永久用地、永久用能设施需求,做好施工期临时用地和临时用能的总体规划。

5.1.4 筑路材料的选择应有利于降低材料消耗,提高材料的循环使用率。原材料的采购、运输、堆放、加工、处理、储存、配发等环节应以减少材料损耗和运转能耗为原则实施。

5.1.5 施工阶段应对重点用能环节进行能耗统计和监测,对主要施工机械加强能耗计量管理。

5.1.6 施工阶段应根据设计阶段提出的节能产品清单及国家对节能产品的相关规定,优先选用国家、行业相关节能技术目录中的技术或产品。

5.1.7 施工阶段应充分利用信息化技术,提高施工效率。

条文说明

工程数据的应用需贯穿公路工程的全寿命周期。其中,设计方案是工程数据的主要来源,施工阶段是落实和完善设计阶段工程数据的重要时期,而工程数据的长期应用则是在运营养护阶段。随着预防性养护理念的不断推广,设计、施工阶段工程数据越发重要,它既可以为预防性养护策略提供重要的技术支撑,同时也减少了重复获取工程数据的工作量，可以提高施工阶段及后期运营养护阶段的工作效率。因此，施工阶段需要充分利用前阶段的工程数据，并提高本阶段工程数据的有效性，为后期运营养护阶段的数据运用奠定基础。

5.2 施工组织

5.2.1 施工组织应根据工程特点、设计方案和总进度要求，从施工方案、作业流程、施工工序、工程进度等方面选择经济可行、低能耗的节能措施，利用信息化手段，提高施工效率和管理水平。

5.2.2 施工场地布设应减少施工区域内车流、人员、机械设备的相互干扰，减少物资搬运量，提高运输效率。

5.2.3 施工组织方案应统筹考虑临时用地与永久用地需求，有条件时宜将施工场地布置在管理和服务设施等永久用地区域，减少临时用地。

5.2.4 施工用电宜以当地电网为主，并与运营期用电相结合，减少现场发电机发电量。

5.2.5 弃土/石场选址和设计应遵循安全、科学、生态、经济原则，弃方应集中堆弃。

5.2.6 施工阶段应充分利用现有料场。新设料场应综合考虑其位置、开采方式、数量等对坡面植被、河水流向和水土保持等的影响。

5.3 施工工艺

5.3.1 施工工艺应技术可行、经济合理，统筹安排材料、机具资源和人力资源，减少重复施工，并将施工能耗作为重要的节能指标。

5.3.2 施工工序应保持施工作业的连续性，提高生产效率和机械设备的使用效率，降低设备的单位耗能。

5.3.3 搅拌站（场）宜使用天然气代替燃油作为加热燃料。

5.3.4 筑路材料应根据材料特性、用途、温度、湿度进行分区储存，减少非实质性材料消耗。集料储存区应设置良好的防、排水系统，保持材料干燥。

5.3.5 路基施工工艺应符合下列要求：
1 兼顾临时排水设施与永久性排水设施，与工程影响范围内的自然排水系统相协调。
2 施工机械与地质条件和路基材料相匹配，提高作业效率。

5.3.6 路面施工工艺应符合下列要求：
1 应合理使用连续式沥青混合料拌和设备。
2 在保证施工均匀性的基础上，宜选择高效率的施工摊铺宽度。
3 应选择有利于减少路面压实离析的设备组合和压实遍数，提高压实均匀度和效率。
4 应控制材料的施工温度，减少施工能耗。

条文说明

1 连续式拌和设备适用于旧沥青混合料的厂拌热再生，也适用于各类沥青混合料的生产加工，具有生产率高、油耗低的特点。为保证混合料的质量，要求集料的备料质量均匀、稳定，在集料生产时，要做好集料的规格分级及质量控制，保证混合料级配的稳定。

2 在沥青路面施工中，摊铺宽度既影响路面的施工效率，又影响路面施工的均匀性，因此要选择高效率的摊铺宽度。

5.3.7 桥梁施工应工艺简单、操作方便，施工工艺宜符合下列要求：
1 中、小桥宜采用预制吊装施工方案。
2 大桥、特大桥宜采用挂篮悬浇或预制吊装等无支架方案。

5.3.8 隧道施工应加强地质超前预报，采用适应围岩条件的施工方案和支护结构形式。

5.3.9 公路工程施工应采用节水施工方法，提高水资源循环利用率。

条文说明

我国是一个干旱缺水严重的国家，人均水资源量仅为世界平均水平的1/4，是全球人均水资源最匮乏的国家之一。然而，中国又是世界上用水量最多的国家，节约用水已是我国的一项基本国策。因此，在公路工程施工中，需对现有水资源进行科学合理规划、使用，采取节水施工、节水保湿养护等科学的节水措施，既能降低用水量，又能满足施工规范的要求。

5.3.10　冬季施工时，宜采取低能耗的保温措施，降低施工能耗。

5.4　机械设备

5.4.1　施工机械设备类型、数量和不同组合应满足工程特点、工程量及施工工期的要求，并与施工工艺相匹配，提高作业效率。

5.4.2　施工阶段应选择功率与负载相匹配的机械设备，避免施工机械长时间过载或欠载运行。

5.4.3　机械设备的选用应将设计能耗作为重要的评估指标，选用技术先进、安全可靠、能耗低和效率高的施工机械产品。

5.4.4　电力驱动的机械设备供电电压等级应根据设备装机功率、供电条件和线路损耗、变压器损耗等综合确定。

条文说明

　　条文中所述电力驱动的机械设备是指采用电网供电的设备。

5.4.5　机械设备应加强施工过程中的能耗管理，建立机械设备管理制度，健全设备档案，开展能耗监测相关工作，做好维修保养工作，使机械设备保持良好的使用状态。

5.4.6　施工阶段应重点对下列机械设备的用能进行计量：
　1　挖掘、装载、运输等施工机械；
　2　路面混合料拌和设备，摊铺、碾压机械；
　3　桥梁桩工机械和构件预制、安装机械；
　4　隧道掘进、通风设备。

条文说明

　　目前，我国对机械设备的能耗要求较为严格，机械设备能耗是国家考核节能减排的重要指标，对未达到能耗限额标准、高能耗的机械设备将实行淘汰。
　　施工阶段重点对主要机械设备的能耗进行计量，统计实际能耗情况，并与能耗指标计算值进行对比，分析机械设备的能耗水平。这样做一方面可以对重要能耗环节进行节能控制，另一方面对于温拌沥青、再生路面、长寿命路面等技术可根据实际工程能耗统计情况来进一步分析其是否属于节能有效的技术。

6 运营阶段

6.1 一般规定

6.1.1 公路工程运营阶段应执行并优化设计阶段提出的节能措施。

6.1.2 运营阶段应从管理能耗和使用者能耗两方面进行节能控制,加强重点能耗环节和设施的能耗监测与统计,根据实际运营情况确定节能控制方案。

条文说明

  运营阶段是公路使用过程中非常重要的一个节能环节,也是节能最为显著的一个阶段,加强运营阶段的能耗监测可以通过能耗数据实时发现运营过程中的能源消耗状况,改善用能方式;可以科学、客观地评估节能技术措施的节能效果;可以通过对能耗监测数据进行分析处理,实现对公路工程用能系统及设备老化规律及故障发生的大体时间进行预测,协助管理者做出各项设备的维护进度计划,为公路养护、维护提供技术依据,降低管理能耗。

6.1.3 运营阶段应建立节能工作保证机制,把节能工作纳入日常管理和生产经营活动中,推行节能科学管理方法。

6.1.4 公路工程进行节能效果评估时,应遵循全面和客观的原则,采用定性与定量相结合的方法。

6.1.5 运营阶段应充分利用设计、施工阶段的工程数据,开展数据分析应用,提高基于数据的决策分析能力。

6.2 节能控制

6.2.1 运营阶段应从照明、通风、供配电、房屋建筑、供暖、空调、用水、运输等方面进行节能控制,降低管理能耗和使用者能耗。

6.2.2 有照明需求的场区、室内等应根据环境、灯具特性、使用效果情况进行节能控制，选择符合标准和实际需求的照明参数及控制策略。

6.2.3 隧道通风应在设计要求基础上采用智能化管理，使风机运转方式与洞内环境参数相匹配，应控制风机开启和关停的数量，在保证隧道正常运行的状况下降低风机能耗。

6.2.4 服务区综合服务楼供暖通风和空气调节系统应根据运营高低峰时段的需求变化，采取分区、分时段温度调节的控制措施。采用间歇运行的空气调节系统，宜设置自动启停控制装置。控制装置应具备按预定时间表或服务区域内是否有人等模式控制设备启停的功能。

6.2.5 房屋建筑应根据各单体建筑对室内温度的不同需求，采取对供暖末端设备进行温度智能调节的节能措施。供暖空调系统应设置室温调控装置，散热器及辐射供暖系统应安装自动温度控制阀。

6.2.6 喷洒、冲洗和绿化等用水宜采用直取或经简易处理后的江水、河水或集中收集的雨水。生产、生活污水经处理后宜作为上述用水的补充用水。

6.2.7 运营阶段应积极运用信息化、智能化技术，综合利用不停车收费、信息监测、信息服务、预警预测等手段对路网运行状态进行实时监测及管控，提高公路通行能力和节能水平。

6.3 能耗监测统计

6.3.1 运营阶段应对重点用能环节、用能系统、能耗类型与数量、用能设备进行监测，对能耗监测数据进行分析与应用。

6.3.2 运营阶段应重点对电能消耗进行监测。电能监测与节能效果计算应包含负载和供配电系统两个方面，供配电系统应按功能进行回路监测，监测有功功率和无功功率。

条文说明

　　高速公路管理及服务设施通常由机电设备构成，这些设施一般都是由电力作为主要能源驱动方式。高速公路运营管理的能耗也是集中以电能消耗为主，辅以路政及养护使用的油料消耗和生活办公室用的水、汽消耗。根据抽样调查分析的部分典型高速公路各类能源消耗的状况可知，高速公路运营管理能耗构成中，电能消耗占80%~90%，汽、柴油消耗占 10%~15%，天然气消耗约占 1%，因此电能是公路运营期的最大能耗。

6.3.3 运营阶段应对设计阶段提出的各环节照明控制方案及光效、效率等照明技术指标的实际能耗进行监测分析。

6.3.4 运营阶段应对隧道通风进行能耗监测，根据监测数据优化通风设备管控方案。

6.3.5 使用者能耗应对运营管理车辆燃油量进行统计，建立健全原始记录和统计台账。

6.3.6 公路附属房屋建筑每个供暖系统的出入口应按设计要求进行热量计量。

6.3.7 生产、生活用水应分别进行监测、统计与计量。

6.3.8 运营阶段应对采用的温拌沥青、再生路面、长寿命路面等技术进行性能监测分析。

条文说明

温拌沥青、再生路面、长寿命路面等技术在施工阶段已进行能耗统计，运营阶段对上述三种技术完成的路面进行性能监测，有利于进一步分析上述三种路面在全寿命周期的成本、综合能耗及适宜的应用场景等。

7 养护阶段

7.0.1 公路工程养护阶段应从养护材料、工艺、用能和供能设备状况等方面降低养护作业能耗、提高设备工作能效。应积极推广精细化养护、标准化作业等节能新技术。

条文说明

根据《公路养护技术规范》（JTG H10—2009）规定的养护内容，与节能相关的工作主要包括两个方面：一是土建结构修复过程中涉及的节能材料与工艺；二是维持公路正常运行的用能和供能设备的良好状态，提高能效。因此，在养护阶段的节能工作应从养护材料、工艺、用能和功能设备等方面加以考虑。

7.0.2 养护阶段应合理运用再生技术提高沥青、混凝土等旧路面材料的循环利用率，减少废弃量。

条文说明

再生技术可分为厂拌热再生、厂拌冷再生、就地热再生和就地冷再生，每种再生技术各有特点，适用于不同状况的路面。因此，养护过程中需对公路技术等级、路面状况、损坏类型、严重程度等因素进行详细的调查分析，选择最佳的再生方案。

7.0.3 采用高反射率材料的隧道墙面应根据隧道养护周期进行保养，保持良好状况。

7.0.4 养护机械设备数量、类型应与养护需求相匹配，并根据不同时期、不同工况的养护需求调整机械设备组合，进行科学养护作业。

7.0.5 公路照明应根据设备性能衰减情况，制订合理的养护方案，降低照度衰减程度。

条文说明

照明设备在使用一定时间后，由于自身光衰或光源及灯具尘埃污染等原因，导致照度衰减。日常养护过程通过对照度衰减情况进行分析，可以进一步得出照度衰减的原因，如设备污染或是自身光衰，进而可选择适宜的养护方案，清洁灯具或更换灯具。

7.0.6 应加强对监控、通信、收费及供配电等设备散热结构的日常养护，保持系统完整并使其具备良好的工作状态。

7.0.7 采用太阳能发电技术时，应加强对太阳能供电设备的清洁，提高能效。

7.0.8 养护作业时应合理进行交通组织设计，减少养护车辆对正常交通车辆的干扰，保证公路通行能力。

7.0.9 养护作业控制区布设应符合下列要求：
1 养护材料、机械设备应统筹安排，减少重复搬运。
2 控制区内施工工序应保持作业的连续性。
3 临时设施应易于养护人员布设和回收。
4 临时设施应重复多次使用，降低材料使用量。

附录 A 各种能源折标准煤系数

表 A 各种能源折标准煤系数表

能源名称	单位	折标准煤系数	当量值	备注
原煤	kg标准煤/kg	0.714 3		
焦炭	kg标准煤/kg	0.971 4		
汽油	kg标准煤/kg	1.471 4		
柴油	kg标准煤/kg	1.457 1		
煤油	kg标准煤/kg	1.471 4		
渣油	kg标准煤/kg	1.428 6		
电力	kg标准煤/(kW·h)	0.122 9 或按"当年火电发电标准煤耗计算"	0.122 9	
油田天然气	kg标准煤/m³	1.330 0		
气田天然气	kg标准煤/m³	1.214 3		
焦炉煤气	kg标准煤/m³	0.571 4~0.614 3		
液化石油气	kg标准煤/kg	1.714 3		
蒸汽（低压）	kg标准煤/kg	0.128 6		0.4MPa的饱和蒸汽
热力	kg标准煤/MJ	0.034 1		

注：1t标准煤热值为29.26MJ。

附录 B 采暖空调系统室内计算温度及设计新风量

B.0.1 采暖系统室内计算温度应符合表 B.0.1 的规定。

表 B.0.1 采暖系统室内计算温度

序号	房 间 名 称	温度（℃）
1	服务设施用房	
	（1）休息大厅	18
	（2）走道、公共卫生间、超市	16
	（3）公共餐厅	18
	（4）厨房、热加工间	10
	（5）备餐、制作间	16
	（6）育婴室、客房	20
	（7）储藏室、库房	10
2	管理设施用房	
	（1）办公大厅	16
	（2）走道、会议室、接待室、多功能厅	16
	（3）监控大厅	18
	（4）计算机房、备件室、投包机房	18
	（5）票据室	10
3	养护设施用房	
	（1）养护工器具库房	5
	（2）大型养护车辆机械用房	5
	（3）维修车间	16
4	加油、加气业务用房	16
5	其他设施用房	
	（1）办公室、休息室	20
	（2）职工食堂	16
	（3）浴室	25
	（4）职工宿舍	18

B.0.2 空气调节室内计算温度应符合表 B.0.2 的规定。

表 B.0.2 空气调节室内计算温度

参　数		冬　季	夏　季
温度（℃）	办公用房	18	26~28
	居住用房	20	26~28
	大堂、过厅	18	室内外温差小于或等于10
风速 v（m/s）		0.10~0.20	0.15~0.30
相对湿度（%）		30~60	40~65

注：特殊工艺用房的设计参数按设计要求确定。

B.0.3 室内设计新风量应符合表 B.0.3 的规定。

表 B.0.3 公路建筑主要房间的室内设计新风量

房间名称	新风量 [m³/(h·人)]
办公室	30
会议室	35
公共餐厅	20
职工宿舍、值班室	30
服务区休息大厅	10

本规范用词用语说明

1 本规范执行严格程度的用词，采用下列写法：

1）表示很严格，非这样做不可的用词，正面词采用"必须"，反面词采用"严禁"；

2）表示严格，在正常情况下均应这样做的用词，正面词采用"应"，反面词采用"不应"或"不得"；

3）表示允许稍有选择，在条件许可时首先应这样做的用词，正面词采用"宜"，反面词采用"不宜"；

4）表示有选择，在一定条件下可以这样做的用词，采用"可"。

2 引用标准的用语采用下列写法：

1）在标准总则中表述与相关标准的关系时，采用"除应符合本规范的规定外，尚应符合国家和行业现行有关标准的规定"。

2）在标准条文及其他规定中，当引用的标准为国家标准和行业标准时，表述为"应符合《××××××》（×××）的有关规定"。

3）当引用本标准中的其他规定时，表述为"应符合本规范第×章的有关规定"、"应符合本规范第×.×节的有关规定"、"应符合本规范第×.×.×条的有关规定"或"应按本规范第×.×.×条的有关规定执行"。